Maggie 的心靈毒藥
愛情故事書

呂孟怡Maggie Lyu | 著

目錄

第一章　愛情也可以很完整

一部愛情電影總是有人鼓掌，也有人喊噓

每次的愛情效果都有不一樣的觀眾反應。

當你一個人獨處時，才赫然發現其實愛情需要做效果。

追愛有本事，追夢有心事，追感情有方式。

看別人相愛模式。

看自己的戀愛技巧方式。

看本人愛的對象是誰。

看愛情結果會不會有效率的組織。

看精彩結局如何感動別人或對方自己。

世界在旋轉，愛情慢慢在發芽，愛情的結果充滿想像。

把感動的愛情留到最後一刻，才能擁有全部。

紀念逝去的愛情……永恆，至上眞實的愛與果實！

永恆紀念圓滿的一個季節——叫作：箴愛。

坦白的愛情有收入……

基本上愛情分兩種，一種是窮人，一種是富有的人。

窮人有窮人的模式，富有的人有富有的模式……

當你在最貧窮時誰能感動你，誰能在需要你時給你翅膀？

當你在最富有時誰能提醒你，誰能給你需要的豐富資源？

貧窮不代表你不富有，但富有並不代表你內心貧窮。

努力的窮人永遠比別人賺最多的是勤快。

富有的人認真時比別人多一些動力。

其實窮人等於富有的人，只要你想隨時放棄金錢的收入。

創造自己的價值。

開發自己的強項。

想想自己的理念。

收入的多寡。

豐沛資源

誰是眞的實際咬金湯匙出生？還不是靠努力。

誰不是一開始什麼都沒有來到這個地球當原始的天使。

這就是窮人與富有人的收入與愛情。

未完待續……

Maggie Lyu 🎀

美麗的愛情也可用欣賞的角度發揮

如果愛情需要麵包，那麵包也需要愛情。

有時愛情需要去用欣賞的角度珍惜。

怎麼說……

當你為某的人改變時也許你正欣賞對方的優點。

當你為某個人感動時也許你正欣賞對方的愛情。

想像中的愛情需要同樣的價值觀念。

比如現實生活中的物質、相處模式、互動方法。

愛情也許需要同情與關心～

但能追求的結果總是讓人無法想像與體驗。

欣賞愛情的價值觀分為 5 點：

1.用想像來堅持自己的愛情觀。

2.用物質來接受另一伴。

3.用真心來感動對方。

4.用善良的方式對待自己。

5.用體諒跟包容來檢視愛情。

必要的欣賞愛情是一種自己的心理上的依賴與檢討。

想想愛情欣賞的目地與欣賞對方的生活價值觀……

才能譜出兩人的價值觀……未完待續。

面對可怕的愛情需要用時間來檢討與改變……

怎麼去面對愛情之中帶來的可怕映像！？

當感情走到了分岔的路時，請把心中的可怕回憶忘去。

實際上可怕的愛情本質上都有不愉快的過程。

但隨著不愉快後時間會慢慢檢討自己的可怕愛情回憶。

改變可怕的愛情也有其重點分為 5 大因素：

1.對自己不滿意現狀或現況。

2.對家人的責任期望大。

3.對另一伴有其他責任。

4.對家庭有不一樣的恐懼希望。

5.對自己的本身作為不能認同。

當您在檢討後希望改變模式為何……

恐懼的面對結果、開心的有個未來的夢想……

還是找原因做可怕愛情的改變！？

例如：把自己本質的愛情觀變正面的。

把需要的可怕愛情價值觀自己做個檢討。

把原有的負面感情放下放開、心理因素。

找到眞實的愛情價值觀念後……

可怕的愛情也會隨著流失那個不愉快的噩夢。

可怕並不代表對愛情沒有期待。

可怕並不代表對愛情的不認同。

可怕的愛情價值觀並不能隨時間慢慢老去。

因爲感情並不是用金錢來衡量而是體會……

未完待續……

Maggie Lyu 🎀🏠

愛情需要隨時的新鮮感與兩人之間的互動

談感情是很容易，但談得好不好又是另外的話題。

愛情的新鮮感該怎麼維持、愛情的互動又該怎麼相比？

每個人都明白愛情都需要新鮮感。

如過程如記憶裡的回憶。

每個人都需要愛情的互動，如朋友、家人、親戚、同事……

如何有隨時的新鮮感？

1.把自身的外表打理好。

2.隨時做心情上的改變。

3.調整每天正面的心情。

4.每天不斷的勉勵自己。

5.給自己的人生充滿新的話題。

如何隨時有愛情上的互動？

1.一同去採購需要的生活物資。

2.一同去兩人喜歡的旅遊勝地。

3.一同去交想法上相同的朋友。

4.一起與朋友相約遊玩。

5.一起看世界的完美色彩。

假設性我們有共同的話題與想法與新鮮感，那我們何須計較愛情上的不滿足或是不理想的愛情希望。

時間會討論愛情的對與錯……

自我的方向也會有完美的愛情互動……

但結果愛情的新鮮與互動是自己給的未來理由。

祝福天下有情人：

完美的相伴相知相愛，一直到老……

未完……

Maggie Lyu 🎀

愛情需要一個很合理的理由與看法

當您的愛情需要一個很合理的理由時,哪表示你正處在真正的愛情裡享受愛情給你的代價與信任。

把愛情的參考模式給自己一個很合理的理由……。

如:看法、說法、作法、想法、想辦法、想到辦法。

理由不需要太負面,但理由需要正面情緒與正面思考。

當愛情的表面態度感到不能理解時,試著讓自己有個理想的愛情正面價值觀與合理的愛情正面的代價。

什麼是愛情正面的價值觀?

1.感到價值觀的重要。

2.感到幸福的愛情觀念。

3.感到擁有愛情的理念。

什麼是愛情的正面代價？

1.你願意付出的。

2.你願意試的。

3.你願意做出的決定。

當你的感情合理化，你的想法看法也會得到自己的認可。

但談感情時誰不是會悲觀與受傷。

不受傷的方式也有的～

可參考以下 5 個基礎方式：

1.多與家人溝通。

2.多與朋友互動。

3.多參加公益社交活動。

4.多多利用時間與另一伴相處。

5.多參考別人成功的真愛方式。

自我意識也很重要，但愛情的自我意識也有看法與想法。

答案會從你的生活裡出現與實際的互動交流中浮現。

相愛容易相處難，這一直是永遠的話題。

倒不如說相愛相處是需要時間的。

永恆的愛也需要時間去培養灌溉的⋯⋯

祝您～幸福、真愛永久！

Maggie Lyu

當您有愛情的負面情緒時該怎麼學會放下？

情緒是每個人都有的，但面對負面感情情緒時你該如何學習得到的想要結果。

情緒是最大的負面因子，但調整好負面因子後，你對未來有多少憧憬與盼望？

事實上感情的情緒來時，每個人都有著期待與規劃。

學會放下感情要素分為 3 大點：

1.放下對自己的成見。

2.放下對別人對你的看法。

3.放下自己以前的過去與行為。

在感情中負面因子會出現也是因環境、自身作為。

負面的壓力也會出現在生活當中，請相信您心中思想。

該怎麼消化該如何學習，能和負面感情的情緒解套。

聽不如做，做不如身體力行……

愛情其實也需要灌溉的，美好的愛情也需要水分與陽光。

在此提醒各位讀者……

愛情原本就有負面的想像與的不存在的負面互動。

當然在愛情裡每個人都有不一樣的題材。不一樣的話題。

與不一樣的情緒跟行動。

在愛情的觀念裡，互動是最好的方式與間接的良好關係。

分享愛情的最好模式，就如聽、說、讀、寫……

把愛情看清楚才能得到有效的愛情基礎。

最後奉獻給各位讀者……

愛情來得快也去得快，但珍愛不會說走就走。

願珍惜所擁有每一天的美好愛情。

未完待續……

Maggie Lyu

期盼的愛情結果會與實現有差距嗎？

大部分的人都對愛情有想像。

但也有大部分的人認爲愛情的現實有一定的差距。

其實愛情並不是想像後有滿意的結果。

誰知期盼與實現有何種結果。

期盼的愛情也會隨著心情受影響。

怎麼說……

1.等待的愛情結果。

2.等希望愛情有個好的開始。

3.等待出愛情的良好環境與物質。

現實上的愛情也會因環境決定結果的好壞。

怎麼說……

1.有沒有擁有外表的實質享受。

2.有沒有因環境而改變自己的習慣。

3.有改變物質上的追求。

其實愛情的差別待遇會與期盼的愛情結果與現實因人而異。

譬如，要有多少錢？要有多少物質享受？要有多少名聲？

該來的時候會來，該出現的必出現，該等的人會有希望。

真愛難懂，祝福會有……

願各位讀者……

抱持著真愛隨著時間會出現。未完……

Maggie Lyu

心裡的愛情故事

愛情裡的內容與愛情裡的結果。

愛情小品……

人與人相處也許有愛。

也許有感動，也許有直接的希望去實現。

但愛情有許多的不同與差異與感想。

都需要細心的去灌溉……

當你處在愛情當中，被感動被照顧被堅持。

也希望您能有愛情的心靈角度去感受出堅持下來的愛
情……

願幸福滿滿。

Maggie Lyu

感情也需要調整，也需要安排自我的時間

分享一個有趣的話題，

每當我看到連續劇裡的愛情內容及完美結局時。

我就會想到我也像連續劇裡的男女主角一樣有個完美的

精彩大結局嗎？

誰說完美的大結局一定是俊男美女？

也許像我這樣的長相也可以擁有真愛與真實的感情。

調整自我的真實感情也有一定的模式與方法。

真實的面對自己的缺點與優點……

調整自我的基礎想法與探討與檢視。

非常時期就用非常時期的自我安排時間給自己。

安排所有感情時間上的項目，如運動、休閒機會、享受旅

遊、時尚逛街、美食饗宴、品嚐美酒、玩樂交友……等等。

先調整後安排自己的感情世界。你的人生或許會比較完

美。

當所有不確定的愛情裡。

也許連續劇裡的俊男美女就會是你。

強調……

調整感情是一件有意義的事，並非像各位想像的很難達到理想目標！

安排自我的時間，也並不是像想像中的難達到。

只要您願意把時間獻給自己的愛情。

理想中的結果就會不斷上演完美的連續劇情節。

理想中的男女主角就會是你。

像劇裡的感情好壞會隨著時間慢慢上演。

怎麼演出最佳的男女主角，是由你自己去決定與發明。

發現連續劇的最佳結果與大結局……。

一定要是精彩的一幕完結篇……

最後祝福天下有情人……

能當選最佳男女主角，幸福美滿……

Maggie Lyu

分享愛情與感情當中的價值觀

愛情與感情的真實面其實說相同也行。

說不相同也允許……

愛情的價值觀分別為 3 個重點：

1.可有可無

2.可開心或可安慰

3.可欣賞可接受

感情的價值觀也分別為 3 個重點：

1.能包容能體諒

2.能有被愛的感覺

3.能互相尊重

當你人生出現了愛情的另一伴，但誰知道，愛情能給你哪些的好處，與哪些壞處！？

愛分別為～相信的愛、真心的愛、現實的愛、接受的愛、坦白的愛、信任的愛、真實的愛、感動的愛、自由的愛、希望的愛、付出的愛、渴望的愛、包容的愛……諸如此類。

相信才有希望，希望中的愛情也會感到真實，如果你也認同與願意！

愛情或感情價值也許並沒有太大的價值觀差別。

但感情與否是不是可有代價或堅持的理念。

愛情的價值也能決定理想目標的追求。

心中有愛情，生活中有感情。才能譜出完美的戀情價值觀。

最後祝福……

天下有情人，對愛堅持～

Maggie Lyu

在愛情世界中也有許多的想像力與創造力

當你出現幻想的愛情故事男女主角時，並不是你是最幸運的……

實際上的幻想愛情是男女主角都渴望愛情能有個好譜。

實際上的想像力愛情也都是男女主角能相依相伴的。

實際上的創造力愛情也是男女主角互相的配合與互解。

當你走到顛峰的愛情時，千萬別給物質給物化了，因為物質需求大於真實的愛情時，請您相信你的眼被蒙蔽了，但蒙蔽的雙眼怎麼變成感動的愛情也有學問的！

想知道為何名媛叫名媛？

因為想像力。讓這樣的女人有了想像力，基本上這樣的女人柔弱小脾氣加上愛表現自己不在乎別人異樣的眼光，於是她的柔弱嬌羞就成了名媛的定義！

那貴婦又爲何稱貴婦？

因爲創造力的愛情主動方式。讓她慢慢地漸漸地有了眞愛就在身邊的意識！其實這樣的女人比較刻苦也比較充滿了對愛情的渴望。她相信上天會賜給她眞愛……於是時間就讓他證明了她有貴婦的聲音及稱號！

名媛的愛情世界中有個不一樣的愛情世界……

她叫時尙名媛！

而貴婦的愛情世界中有個不一樣的愛情世界……

她叫氣質貴婦！

希望在愛情的世界裡，你也是名媛貴婦！

Maggie Lyu

發現愛情開花結果的時間也正是求婚時間

每當愛情受過傷後，你一定會發現到底哪個才是你停下腳步的時候。

打個比方，受傷的戀情總是比較讓人深刻，也比較容易讓人相信受傷後的戀情如何在走下去。

也許受傷過後相處的愛情價值比較豐富，比較打動人心，比較讓人動心相信真愛的價值與真愛的期待性。

當價值性的愛情出現後求婚機率就比較高，比較讓人相信是對的時間出現對的人，這時求婚一定要擺在嘴邊。

記得！求婚時的配備～戒指、鮮花、禮物、蛋糕及驚喜！

求婚當然要等開花結果後的戀情啊！

例如～戀情愛情基礎穩定、事業有一定的成就，能確認這是一輩子，能相信兩人會有穩定的婚姻生活，能清楚兩人

對婚姻未來的規劃，相愛能永久永遠……！

還有一種開花結果的發現～那就是兩人的相處模式從漸行漸遠變成了相依相偎，從此不分開……

兩人的個性能夠互相補足對方的需要需求及成熟穩重的兩人相處態度，可琢磨對方的想法、可體諒對方的心情。

這時你就是該開花結果的時候了。

求婚吧！戀人、愛人、情人……

Maggie Lyu

我常聽人說：「我失戀了。」

我常聽人說：「我失戀了。」

是因為他看上某個男性或女性？

也常聽些失戀的例子：

　　（一）我認為現在這位戀愛條件比較好。

　　（二）我對他沒感覺了。

　　（三）我的家我比要人對他不滿意。

　　（四）我比較享受一個人的生活。

愛情跟麵包我寧願選擇現在的麵包……？

朋友們！

人云；留得青山在，不怕沒柴燒！這些失敗的例子；其實只是你現階段的愛情常識不足！到了該分手時間時；你總

是喜歡雞蛋裡挑骨頭、借題發揮！

什麼是愛情當中的常識？
又該如何彌補失敗的愛情的你？

常識：

　　你本來就對這場戀愛並不認同。

　　你不願意花時間等待能陪你上山下海的他。

　　同樣的感情問題，你卻喜歡逃避不負責。

　　常常喜歡對他答非所問。

　　吵架時你永遠覺得自己一定是要為強者。

　　太堅持自己的感情主觀意識。

　　永遠把吵架原因推給別人。

　　該示弱時該逞強時你反而退縮。

　　常常因為重感情而忽略另一半。

　　喜歡在朋友面前逞強好面子。

以上這 10 點，可以讓你對感情增加常識；誰該忍讓、誰該低頭認錯、誰又該往前的去享受戀愛中的缺點，補足你在戀愛之中所發生在你身上的優點！

當你主觀的意識到愛情當中的美好時，
又該如何給自己彌補在感情失敗的問題？

彌補：

用時間彌補了；對方長期沒有你陪伴的空間與時間。

該來的總會來；任何讓你對感情挫敗的事。（可多多閱讀。參考在感情生活有成就的人）。

大方地接受他的缺點，去補足兩人之間的長期爭論。

練習把愛放在嘴邊。

多多的向他消費自己。（向對方提及你的工作或事業的成就、家人）

你必須完成一件你們夢想的事。

你要擁有藍圖式的兩人生活。

　　你偶而要有自欺欺人的想法。(可互補內心世界中的孤寂)。

　　你可以利用不在她身邊時，常常向他傾訴你的掛念。

　　該激動地寫出你與對方的愛情故事。

付出與彌補其實很相像，但彌補需要時間，

就好比煮粥，熬久了也會甘甜有內涵！

而付出～只代表著你能力範圍裡能為他做的事情罷了！

但當你學會了主動彌補感情之間的空洞；付出與彌補同時

進行時，失敗後的感情也漸漸會讓你用同等值的相處模式

延續下去。

成功的戀愛方式，善於利用在交友以及看輕人與人之間的

互動方法！同樣是愛，為何不轟轟烈烈的愛一場；也能賦

予你戀愛意識與互動的人際關係。

失敗後的感情，就像亞當與夏娃當中的結局。

請願意付出彌補了你豐沛的感情觀！

您也許同樣也像亞當夏娃的經典愛情故事中的浪漫結局。

但紅蘋果就代表愛情中的感情麵包⋯⋯

未完待續⋯⋯

Maggie Lyu

當我們在投入一段感情時

當我們在投入一段感情時，當下的決定是正面價值或是負面價值？

每個人都有他的感情觀，也許在別人的眼中你做的決定是正面或負面的感情！但也許你的感情正在相處時卻在別人眼裡，你的相處模式也許是負值和正值。相信你的感情相處方式，有負面也有正面～但當負面能量釋放出時，自然而然在你的感情當中你的價值觀會隨著負面能量降低你所擁有的感情幸福！一個人在一段感情當中，我相信你也會明白一段感情要維持，總是會有負面的感情情緒在。但當你懂得在感情當中適時的付出你正面的價值觀，也許你的感情比別人還要順遂且幸福。

我們可以用某些成功人士的例子當成是一個借鏡！也許這些成功人士在他的事業工作家庭都看似圓滿，但你說它

們沒有負面的價值觀存在嗎？（我可以否定）當你在談感情之中容易出現的負面念頭也許就像芝麻綠豆一般的小事般，但也或許正踩到你的地雷。

大致上容易有的負面感情念頭的原因：

　　你認爲在他朋友圈、親戚圈裡對你的評價。

　　在你的心中你永遠覺得你比不上對方的前任男女朋友。

　　我沒有豐厚得經濟能力。

　　也許對方的家人、朋友喜歡拿你跟別人做比較。

　　常常幻想對方今天跟誰出門、結交了什麼異性朋友。

　　常常在意對方對你的批評與讚美。

　　常常把「分手」兩個字脫口而出。

　　胡思亂想的認爲對方不夠愛你、不夠重視你。

　　一致性的認爲對方對你不夠大方。（其實有某些人會用金錢去衡量大方的定義）。

常常覺得對方今天不夠身世溫柔、不體貼。

或許對你來說，像芝麻綠豆的小事，也許正踩到你的地雷！其實感情在生活當中負面的念頭也會提醒你、更改你的感情交往中的個性與生活上的改變，只要你時時刻刻的提醒自己，加強自己的 EQ，把負面的價值念頭利用生活的方式導向正面！慢慢你也會變成一位在感情念頭提高自己的溫柔紳士的品格！

高 EQ、提高想法、高品質的感情生活，你也能隨時的擁有……讓對方看見你的正面價值念頭，其實不外乎也能從平常生活看得透……常常我們最容易發現對方的正面感情念頭。

以下能看出這個人的內心裡的人品與品格：

　　懂得隨時的禮讓。

　　平常散發出的謙虛個性。

喜歡結交能給予勵志向上的朋友或長輩。

會去向你討論每天發生的好事或壞事

喜歡坦白的認錯。

容易在對方的朋友、親戚之間給你適當的保護。

從不輕易的談及對方的交往歷史。

主動的替你安排好；每次的重要節慶。

部會把你的經濟狀況當成是你的優缺點。（儘管對方知道你的存款是負數）。

隨時帶著你出國旅遊、開會或見朋友。

看得見對方的正面人品時，同時你也能體會或明白為何當時被追求時的感動以及打動你想與對方交往念頭。

其實在一段戀情裡誰負了誰，都是一時間的認知。感情正在進行時，把真誠的心與平靜的互相尊重與檢討，最後你得到的（值）就會是你所認知的「值得」……切記，當你感受到負面念頭出現時，請您用接受的方式感動你的他

（她）！一段戀情要產生並非是件簡單的事！？情投意合才能產生戀情的開始。但感情之中怎麼相處走下去，也需要經歷負面跟正面的言語思考的模式……

各位讀者們～其實負面與正面念頭，我們常常在生活中都能輕易地得到！但輕易的放棄戀情也並不是最佳的選擇；人與人之間的摩擦有時候利用你的感情價值觀與對方相處～也是能從中學習到對方的優點，去剔除自己的缺點……偶爾把負面的念頭，轉換成正面的軌道！（例如：用鉛筆寫字需要橡皮擦；用原子筆寫字需要立可帶；一個需要拿筆寫，一個需要擦去你的錯別字！）
最後！相信你會在感情當中是最佳的勝利者……

投其所好，才能悟出感情戀情的需求與相處方式！
利用正負念頭，也能轉換心境！

Maggie Lyu 🎀🏰

技巧性的付出你的感情

一般成家立業的人或許對他的感情觀，來得比較執著；執著於一個完美的家庭夢想，有一個有肩膀的丈夫、有個溫柔賢淑的太太、以及善良又可愛的孩子！？

也許大部分的人都不相信；一個家庭不可能有一個很完整又看似幸福又圓滿的家！？大部分的人都認為只是表面的幸福，門後都有不為人知的一面？

其實全然不見得……

有婚姻束縛的人也需要有技巧性的付出感情……

　　兩人之間的容忍度。

　　與親戚朋友之間的互動方法。

　　陪伴家人的時間。

　　金錢上的支配方式。

　　任何事情都開源節流。

夫妻倆要互相尊重。

有了婚姻要有時間觀念。

要有安排休閒娛樂的時間給互相。

互相學習彼此的優點；提醒對方的缺點。

培養藝術氣息的專長和嗜好。

有時技巧性的開心和發脾氣也很重要。在整個家庭裡～一個技巧性地扮演好人、一個技巧性的扮演壞人。用這種互補的方式來建立有婚姻家庭的束縛。試試看偶爾兩方技巧性的互換扮演壞人、好人的方式。就像是踢足球；你把球傳給我，而我把球自信的踢進籃框裡。最後達標得分！相信你的婚姻感情也會達標得分！

還有技巧性的互相安慰、互相提醒，也會有技巧性的婚姻生活。最重要的是要有技巧性地去深愛對方。久而久之別人羨慕上你倆的婚姻束縛是的幸福！？人見人愛不是很好嗎？

再來，現在談的就是沒有婚姻束縛，但單身的黃金貴族……有些單身的黃金貴族會比較天馬行空的感情觀。例如：我要外貌出眾的另一半、我要經濟能力許可讓我能夠大大的消費、我要帶著我的另一半拓廣見聞，比如出國環島旅遊、無時無刻給他驚喜、美好的愛情對白、做一些能夠感動對方、討好對方內心世界的溫暖事。

單身的黃金貴族們！其實單身也有技巧性的投入感情！

單身有單身的好處，婚姻有婚姻的價值！

怎麼樣單身也可以有技巧性的投入感情中？

用訊息、視訊、打電話互相語言之間的感情培養。

重要的節慶一定不可缺席。

分開時也能互相給對方動力。

適時的給予安慰。

情侶之間有時候還是要長話短說。

給自己時間得到相同觀念。

適時適地的給他能夠紀念的禮物。

技巧性的上餐廳，例如～兩人初見面的日子或是對方的生日。

　　用多的時間陪對方的親戚與朋友；能夠打入對方的生活圈其實從親戚和朋友下手，會比較快融入對方的生活圈子與習性。

　　安排兩人去旅遊或打卡拍照；留下值得紀念的物品。

　　還有，沒有婚姻束縛的朋友們！在你是黃金貴族的單身時。要有技巧性的口語對白、要有技巧性的互動方法。例如：我今天比昨天想你；今晚要去哪裡找浪漫的餐廳。或是；選一部浪漫電影、找個浪漫的時間去書局閱讀。（閱讀可增加心靈上的平靜）或是城直接告訴他你愛他的誠意，最重要的一點；當你們在熱戀時期一定要注意與語言之間的對方對你印象深刻。

　　單身的朋友們！技巧性的投入戀情時，最好不要像龜兔賽跑！因為兔子永遠在等烏龜！能趕上對方的生活圈與交

友圈，比較容易穩定愛情基礎！

適時的寫個紀念卡片，讓單身也有個回憶！

記得！寫卡片時也要有技巧性的文字最好加上你獨特的眼光去選卡片；要選吃定對方胃口的卡片樣式，還有單身的人比較喜歡說怕對方浪費。你可以用言語轉換的方式讓他開心。

最後，技巧性的付出感情其實也需要有計劃跟安排以及認識對方的內心世界中的溫暖。技巧性的戀愛會談的比較聳動且有紀念性～

結語：互動適的付出您對感情的資源！戀情來的比較珍貴且懂得珍惜……

當你感情技巧性付出後得到的結果，通常只會羨煞別人。

記得！技巧性的付出是討好自己與自己的個性跟生活。

未完待續……

Maggie Lyu

有時候談感情，不一定都是好的結局！

有時候談感情，不一定都是好的結局！但隨著時間的灌溉也能培養出心動的那一刻！

平民的與富有的其實也會有差異，平民的愛情是不論金錢與生活中物資也會控制得很好；就因為生活是你可以掌控，千萬不要與財富滿滿的人做比較；而富有的人喜歡在愛情中給自己實質的保障；這些心動的愛情不論平民或富有！都是一點一滴累積自己心中的愛情；有人說相愛容易相處難，其實在交往當中就有許多的機會是自己給予自己的；但時間也需要證明一切且關心的舉動也不可避免的～相信愛所創造出的奇蹟……

愛可以也很圓滿幸福！

Maggie Lyu 🎀

幸福的基因

感覺對了，就對了！

聽過「跟著感覺走」的這一句歌詞嗎？

其中的歌詞當中也藏了某些基因分子。

    感覺跟著走。

    跟著感覺走。

    最後就如同歌詞當中的～跟著感覺走。

    走著走著～（跟著感覺走就對了）。

愛情因子也許參雜了某些日常中的片段或劇情，但通常戀

愛中的男男女女也能體會出最後愛情的甜美果實～

其不影響每段戀情的進退～

體會人生的愛情才能反映出日常愛情課題⋯⋯

至上無限的長久愛情故事，您也能成為故事中的主角……

戀情萬歲……

Maggie Lyu

痛快的去體驗愛

難得有情人通常都會去實現它們自己本身的愛情路程與過程，但難忘的愛情通常只有那幸運的那一個。

愛情在你正充滿自信時都會給予你滿滿的感動，不去體驗怎麼知道愛有多少限時掛號？

坦白的向對方說出自己的愛情方程式也許還能～你儂我儂！

愛的體驗就如同生命的一把鑰匙，打開你內心的那扇門。

難忘的去體驗愛情吧！

Maggie Lyu 🎀

第二章　女人

自找的女人

自找的女人～通常有三個讓男人愛恨在心裡的優點：

　　常識比男人多。

　　手腕比男人強。

這樣的女人總有本事比其他的女人有能力且活得坦然！

自找的女人～讓男人感冒的 3 點：

　　吃飯速度快。

　　不愛整理自己的儀容。

　　不喜歡閱讀。

女人們！自找是本事，

但找得不對就是拿石頭砸自己的腳！

活得瀟灑，幹得漂亮又是學問了～

祝福～自找的幸福出現且即將到來～

暖暖日本泡湯 36.5°C

Maggie Lyu

看得開的女人

凡事不用愁！看清比較重要，這樣的女人其實對愛情看得比較開。如有以下之行爲者：通常男人比較對這樣般的女人較有愛情的想像力……

懂得適時地微笑帶過。

懂得給予祝福。

懂得用自身行爲進行溝通。

適當的噓寒問暖。

男人通常利用自我評價的方式，看待這麼樣的女人，就因爲她們給予男人的想像力足夠體貼自己與對方！

微笑吧！男人女人們！

看得開是男人女人也可有的特權……

暖暖 36.5°C 的愛

Maggie Lyu

感動的女人

容易受感動的女人通常有幾個小地方值得我們瞧瞧……

例如：

1.在包包裡喜歡隨時放著紙巾。

2.喜歡帶著寵物出門遛遛。

3.常找尋讓自己感動的電影頻道。

4.三不五時有小聚會。

5.開車喜歡聽音樂。

6.喜愛紅白酒。

感動的女人～通常都有一定的年紀，去做對男人的選擇權

利，怎說？在她們這些人群中，喜歡做些讓自己不孤單的

事情來讓自己過得愜意與充實她們的時間～來尋找被感

動的他～

總結～偶爾的孤單也算感動！

暖暖找茶 36.5°C

Maggie Lyu

自在的女人

自由自在是大家最嚮往的一件事。

什麼叫做自在的女人？

再談感情時不拖泥帶水，不做作不喜歡臉上表情不自然～
（不會永遠一號表情）。

喜愛樂器總是讓大家的目光停留在她的才藝上！

多采多姿的生活比較能融入這類人的生活方式！

宅的很有一套！玩得很有哲學～相對的通常生活當中就
能有藝術家的學問！永遠臉上總有 100 多種的表情～

自在總讓她們能有自我的邏輯與想像⋯⋯

男人們～自在的探討這樣般的女人是可以容易進入她的
生活的⋯⋯（未完待續）

暖暖日出 36.5°C

Maggie Lyu 🎀🎄

有微笑的女人

還記得我常說的第一眼的笑容嗎？

微笑是最好的保養品，也是最健康的保健食品～

一個女人臉上常有笑容～代表著她內心世界是陽光有太
陽的情緒與思緒！

微笑是負面的替代品，只有微笑的女人才有生活的價值目
的，也許您不能認同所有的微笑是發自內心的笑容價
值！？

您也可以當個擁有微笑的男人、女人～

自然的笑出你的自信吧！

微笑代表內心世界所擁有的太陽！

與您分享～

祝福您～有陽光有微笑有幸福！

暖暖 36.5°C 的笑容

Maggie Lyu 🎀

幸福的女人

小女人有小女人的幸福，大女人有大女人的祝福～

內心裡的幸福是表面藏不住的。

愛情也可以用停看聽來做解釋，就好比紅綠燈～

紅燈時，感情來的快也去得快！

綠燈時，感情能走得順利且能走得遠！

得到幸福是一個女人最大的感動，但幸福的女人請記得！

得到的不輕易放棄失去～因為愛難尋覓！？請愛的要轟

轟烈烈！幸福愛幸運談……

終將得到外人的羨慕與忌妒～

祝福～幸福將至。

暖暖熱美式 36.5°C

Maggie Lyu

被愛的女人

女人通常都有老毛病，通常女人不太會去爭取看男人的第一眼，男人是視覺動物，而女人需要男人的性經驗……當然男人無法接受性經驗不足的女人。

為何正經的女人都與男人的性關係分成男上女下的尊卑？這是早期在古代就一直延續下來的道德規範！

被愛容易，但相處難……

渴望被愛的女人在穿著上也特別精緻！

被愛的女人們！愛情贏在起點……

暖暖被呵護 36.5°C 的愛情

Maggie Lyu 🎀

有靈魂的女人

內心深處藏著浪漫幻想的愛情故事，但這樣的女人生活過得踏實，充滿了藝術的氣息。他們的外表也充滿了藝術的靈魂。自信是他們的表現、自愛是他們最完美的底線！

請珍惜浪漫愛情的靈魂女子。
因為這樣的女人真的很少見！
其實體貼包容是靈魂女子，最想擁有的一段浪漫的愛情故事！

未完待續。

（藏書）

愛上浪漫靈魂女子 36.5°C

Maggie Lyu 🎀🏛

珍貴的愛情有時候～

也可以轟轟烈烈的一直到下半輩子！

愛上你不是我的不禮貌……

Maggie Lyu

愛幻想的女人

通常喜歡畫畫且話中有話～

且帶著滿滿的祝福欣賞別人的才華，

禮貌謙虛是她們的第一映像！

愛上這般的女人，只需要真心的相處模式才能討好下去～

轟轟烈烈也是她們的必須項目～

長長久久是她們最期待的……

愛上你的我～

Maggie Lyu

第三章　女人眼裡的男人

女人眼裡的男人

在女人眼裡，每個男人都有自己的情緒，

每個女人眼裡的男人都有一些的缺點！

是因為這樣的他對自己是充滿著自信且瀟灑，

一般的男人其實也有優缺點，例如：不喜歡與其他男性比較外表或內涵、不喜歡以金錢來得女人芳心，在女人眼裡卻是優點！

但女人眼裡的缺點，例如：外表不跟內心裡的靈魂表裡不一，或說起話來不尊重女性！

一個值得讓你託付終身的男人，從來不計較你的過去！

但這般的男人計較的是你眼裡到底愛不愛他！儘管他喜歡像小孩般的任性！

男人如同一壺好茶～越泡越香！

Maggie Lyu 🎀

像孩子般的男人

結了婚的女人通常都會認為，他們多養了一個孩子～

事實上，也真的是～怎麼說！？

他們會為了小孩吃醋或為了只是想讓你比小孩還在乎他！？

這樣像小孩般的男人，通常是很顧家又孝順的、也懂得貼心家和自己的生活圈！內心充滿溫柔與浪漫。這樣的男人最愛的不是太太而是他最得意的小孩！

記得！孩子般的男人們！

請告訴您的妻子或太太～我愛這個家！

不忘給妻子或太太一些驚喜！

好男人也需要孩子般的生活方式，就因為他沒愛過～

Maggie Lyu 🎀

浪漫的男人

真正浪漫的男人通常是很幽默的，但幽默感是在他們生活中學習到的一股傻勁，如工作中的主管或同事之間的交流方式。就因為他們不懂如何與在他內心的完美女神該如何爭取～所幸就會主動裝傻與對工作上的執著與熱誠！

通常浪漫男人都有一個共通點～

愛打扮

愛宅在家

愛搞神祕

喜歡在言語上刺激你

永遠開口閉口都是工作上的成就與成功

他們的浪漫是一般女人都會認為不夠搞笑的行為舉止～

浪漫吧！木訥的您～

Maggie Lyu

愛笑的男人

一個愛笑的男人，總是有著陽光般的笑容！

一個有愛的男人，總是喜歡溫柔體貼的妳……

自信的笑容是他們的第一眼感覺與感動……

他們總是愛了不後悔！

也總是愛的低調！

送給感性的愛笑男人～

愛上了不後悔！

Maggie Lyu 🎀

愛上心疼你的人

忘記自己了沒有，想起自己了沒有⋯⋯

曾經所擁有的紀念日⋯⋯

那種心動又感動的節日，那種一次次驚喜⋯⋯⋯

那種疼妳的舉動與關心！

那種體貼讓你感到溫暖！

從感動到永恆的愛是無法更改的暖心舉動⋯⋯

（紳士般的舉動體貼男人。）

他們沒有美麗的外表，卻有著溫暖的眼神！

開心是他們的招牌笑容！

微笑是他們溫柔的紀念品！

紳士般的禮貌是他們具備的愛情價值觀！

永遠想念您的招牌溫暖笑容與慈悲的愛情代價！

愛上紳士的典範。

Maggie Lyu

男人的共通點

喜歡看女人的第一眼感觸與外在氣質！？

看男人就好比餐後該上的甜點般！

讓你期待又怕受傷害～

通常一般的男人喜歡會養寵物的女孩！

再來就是喜歡會下廚的女人！

要不然就是妳某些才華吸引了他！

男人也喜歡把妳跟他的前女友比較！

男人也會讓自己跟女人的外貌能互相看對眼！

能不能登對⋯⋯

最後～

像牛排般的男人們！女人也會挑幾分熟的⋯⋯

Maggie Lyu 🎀

靦腆的男人

愛笑、愛看愛情悲情電影！

孝順是他們的招牌動作！

對人體貼也是常常發生的！

這樣靦腆的男人是重視自己的外表、內心世界也充滿了無

限的尊重對方！但相處起來是體貼卻不浪漫！

當他們想搞浪漫時，就是他覺得遇見了他內心裡的真愛！

靦腆男孩們;衝動的愛情才看得出未來！

Maggie Lyu 🎀

喜歡美食的男人

不擅長溝通，因為他們喜歡和美食說話……

對食物很挑剔跟挑嘴……

愛吃美食是因為愛下廚的他也能在廚藝上交朋友！？

做飯下廚是共通點……

愛浪漫、愛搞難忘的特別日子是他們口頭上不擅長的事。

所以下廚看夜景是他們挑地點的強項！？

美食當前，卻少了她的陪伴……

Maggie Lyu 🎀🎄

像夜晚貓頭鷹的男人

驕傲、自信、冷靜、專注在某件他最擅長的事。

自由自在是他們最喜歡的生活方式……

自信是他們的頭號公敵，自愛是他們的強項，就因為他們
特別了解自己的喜好跟內心裡的自信分子。

夜行性的生活；讓他的生活驕傲。

與這般男人；記得冷靜是第一順位！

願您；驕傲地牽著他的手。

Maggie Lyu 🎀

第四章　愛情小品

任何的愛情都會有受傷的一刻

愛神邱比特的箭，會射向何方？

當你幸運一點的時候，邱比特的箭就為你發射出愛情的訊號！

但也有不幸運的，就是月下老人還沒找到你的紅線。

在愛情中、感情中我們都想尋找一個最完美的另一半，是真愛還是真實的愛？就是要經過相處後才會有完美的答案。

人與人之間總是會有摩擦，更何況情侶跟伴侶之間一定也會有不滿意的時候。

當然也會有人說相見恨晚～

也會有人說愛上你不是我的錯，離開你才是正確的決定。

其實在感情上互相的磨練對方的人生是一件種福田的事！

也是在感情上愛與珍惜的一門功課！

Maggie Lyu

各位讀者們！

當你在感情、愛情上受傷的那一刻，請你冷靜一下，看看對方無辜的眼神及失落的舉動～

你內心裡就有強大的答案！

在這裡提供 3 點正向因子：

　　　互換對方的立場去想。

　　　在那一刻事包容體貼最好的時機。

　　　當下多想想陪伴你的家人，是多麼希望你能夠幸福。

男人跟女人本來就是被動式的生活方式，互補對方的優缺點你的感情才能長長久久！

願您，兩看相不厭！

Maggie Lyu 🎀

那一刻我才發現；我愛你……

就因為我們曾擦肩而過，離開你不容易。

相處後卻發現了；我上愛你了！

Maggie Lyu 🎀

檢視放大後的愛情

在愛情裡的果實永遠是最美好的，因體會包容相伴對方～
也可說你不小心撿到了真愛！？

在別人眼裡的你愛情是成功或失敗，對外人來說，都是一
種羨慕忌妒的祝福，但羨慕什麼呢？羨慕你在任何的場合
他對你的百般溫柔和識大體！

再來，認為你愛情失敗的原因：

　　關上門，別人看不見的愛情互相體諒與恩愛。

　　對朋友千萬別把家事全說出，就連親戚都絕不提。

　　別把金錢跟感情看的是一樣。

記得當你檢視自己的愛情觀時，那就是別人羨慕你的機
會，把握自我檢視放大的權力，也許你的愛情比別人還有
收穫！

家家都會有難念的經；但或許也有家家的飯菜香！

Maggie Lyu

關於愛情家庭的求救訊號，該怎麼避免？

首先我要提的事；你自認有愛過嗎？你自認有包容和遷就嗎？

當你在愛情或家庭裡出現了你沒辦法解決的問題時，你有檢討自己對愛情的知識不同嗎？

有人認為感情本來就是加量不加價的一種自私行為，但你相信今生有他，也有可能是命運的安排～

但你相信嗎？分開也是上天安排給你的功課嗎？

練習先體諒自己，讓自己也能成為家庭愛情的打火兄弟；先小人後君子～也能完美的下台。

愛情不是遊戲；愛情是愛裡最偉大的安排～

願您的愛情；高高在上。

Maggie Lyu

愛情也會微笑嗎？

當在戀愛或依賴任何一半時，他讓你開心過嗎？

他為了你犧牲自己的時間給你時，你知道他費了多大的精神與家人的諒解？

想想你有看到他對你的大方嗎？

你看到這裡時，你是否也體會與感動？

淚水往下落了嗎？對自己微笑吧，勝過你感動的淚水，這確實是比中樂透還高級一點！感受出愛的微笑模式了嗎？

有時在愛情裡跌倒時摸摸自己的頭～也許笑容的方程式～你會有 100 個拍照打卡的自然及真實的笑容。

富有的愛情價值觀就是留下紀念的微笑。

Maggie Lyu 🎀

愛情不需要逆來順受

祝福自己不容易，祝福別人卻是應該的嗎？

當愛開始萌芽時，其實自己是最想得到祝福的，也許不討好也許不開心；但能讓人認可其實也是主要的祝福自己，討自己開心。那你一定會問；怎麼祝福別人嗎？

記得別收太多的紅炸彈（喜帖），為何？

因為每一次每一年，都要想些祝福台詞！其實說久了，你也會像個洩了氣的輪胎～需要隨時定檢！

順其自然吧！愛情本來就像你人生接不完的喜帖！

裝在紅包袋裡的數字誰知道啊！？

教你一個有效又有效率的小技巧：

喜宴結束後在遞上紅包，這反而是會感動新人的方式～

願您；也能開心的祝福自己！

Maggie Lyu 🎀

愛情就像彈珠汽水

大家應該對彈珠汽水不陌生吧！尤其對 70、80 年代的人來說是小時候最愛跟爸媽討的獎品或禮物！

當你在喝之前都要把上頭的彈珠按下吧，裡頭的彈珠就掉到瓶裡的最下方。

愛情像彈珠汽水一喝就上癮；因為每一次的驚喜就像彈珠沉到瓶底般的幸運，

愛情也像汽水容易喝了讓人滿足～

愛情就像一開瓶的氣泡瞬間流出～

愛上彈珠汽水的你～試試把彈珠從瓶裡給取出放進容器裡試試換不同的飲品你會感覺幸福！

因為這樣可以天天有彈珠汽水了。

願您；感情愛不釋手！

Maggie Lyu 🎀

走著走著，就到了愛情的盡頭

誰說愛只能用祝福，誰說愛不能克服一切，原本的愛本來就屬於自己，沒過客怎能提醒自己；真愛的到來～人生並沒有在愛情上的陪伴，也是場空～罷了！

沒有人會跟愛情過不去，只有愛情跟你開玩笑罷了！

無數人都認為在婚姻裡一定要一個黑臉跟白臉！實際上也是；為何呢？在愛情的路上只有互相坦白才能把像默劇的演員般設立自己的角色～

而演出結果會是正向的愛情生活觀～

記得！結局總是讓人感動的溫暖，愛上就是愛上了；不管您的最佳主角是哪位或是～誰是主角、誰是配角。在你的生活中能讓你強大的就是值得深愛的某人！

願您；深深的愛情祝福～獻給你！

Maggie Lyu 🎀

感動的愛情是人人羨慕的嗎？

常常有人會說，真愛難尋～

但當你在愛情迷失後～真心的愛情就會出現！

反覆思考著人生有太多愛情價值觀與多多少少的愛情考驗～

其實生活當中我們會面對的很多的愛情完美跟不完美，但真正讓人稱羨的愛情～你必須做好準備與計畫；才能讓人明白愛情也可以被羨慕！

準備好了嗎？

愛上原本的自己～

Maggie Lyu

為何我不明白～我愛上她（他）了？

是傻瓜還是天才，才能懂被愛是幸福的～

人生有太多的不滿足及渴望被愛與愛上另一半～

傻瓜才有被愛的權利～

而天才只需要把對你的愛；獻上給予你心裡真正的另一半！

如何讓您發現愛上了？

　　他突然的聯絡不上（原因：對方在試著看你在乎嗎？）

　　喜歡用幽默的詼諧方式逗你開心。

　　當對方在工作時，也會抽空給你訊息文字。

記得！讀者們～以上 3 點出現任何的一點，那不要等待了！只因對方會用小方式來進行任何一項！

願您，是個被羨慕的佳人才子。

Maggie Lyu

愛情是個完美主義的行動

有愛才有完美主義的愛情，通常愛是圓滿長久的建立在某一位身上或是在某件事上！相對的愛情的種子也在慢慢發芽！這就是愛情中的某一部分細節與相愛的故事；其中又以亞當夏娃的故事中有個取肋骨造了夏娃的情節；也可以說這是最經典的愛情完美故事才有了人類的愛與故事的永恆～！

經典也許不在是經典……

因完美主義的結局，才有真愛出現……

僅此……愛情也有完美的天使與魔鬼，就因為一顆蘋果！

珍愛出現了嗎？是的他就在你身邊……

願您，愛情高高在上～

Maggie Lyu 🎀 🏰

國家圖書館出版品預行編目資料

Maggie 的心靈毒藥愛情故事書／呂孟怡 Maggie
Lyu 著. --初版.--臺中市：白象文化事業有限公
司，2024.2
　　面；　公分.——
ISBN 978-626-364-201-0（平裝）
1.CST: 戀愛　2.CST: 兩性關係
544.37　　　　　　　　　　112019837

Maggie的心靈毒藥愛情故事書

作　　者　呂孟怡Maggie Lyu
發 行 人　張輝潭
出版發行　白象文化事業有限公司
　　　　　412台中市大里區科技路1號8樓之2（台中軟體園區）
　　　　　出版專線：（04）2496-5995　　傳眞：（04）2496-9901
　　　　　401台中市東區和平街228巷44號（經銷部）
　　　　　購書專線：（04）2220-8589　　傳眞：（04）2220-8505
出版編印　林榮威、陳逸儒、黃麗穎、水邊、陳婕婷、李婕、林金郎
設計創意　張禮南、何佳誼
經紀企劃　張輝潭、徐錦淳、林尉儒
經銷推廣　李莉吟、莊博亞、劉育姍、林政泓
行銷宣傳　黃姿虹、沈若瑜
營運管理　曾千熏、羅禎琳
印　　刷　百通科技股份有限公司
初版一刷　2024 年 2 月
定　　價　250 元

白象文化　印書小舖　出版・經銷・宣傳・設計
www.ElephantWhite.com.tw　f 自費出版的領導者　購書 白象文化生活館